AF296094

PUBLICATIONS DU *PROGRÈS MÉDICAL*

HOSPICE

DE

BICÊTRE

Histoire. — Organisation. — Budget. — Statistique, etc.

Par BOURNEVILLE

TROISIÈME ÉDITION
(2e *tirage*)

PARIS

AUX BUREAUX DU
PROGRÈS MÉDICAL
14, rue des Carmes, 14.

FÉLIX ALCAN
ÉDITEUR
108, Boulevard St-Germain, 108.

1893

HOSPICE DE BICÊTRE

Historique.

L'histoire de cette maison remonte à 1250, époque à laquelle Bicêtre, alors appelé *Grange aux Queulx* ou aux *Gueux*, fut donné par Louis IX à une colonie de Chartreux. En 1286, Jean de Pontoise, évêque de Winchester, acheta la Grange aux Gueux, qui servait alors de métairie, au Chapitre de Notre-Dame, et y fit construire une maison de campagne (manoir de Gentilly). En 1294, Philippe le Bel confisqua cette propriété à son profit. Elle fut revendue plus tard à Amédée VI, dit le Grand, comte de Savoie. En 1346, elle fit retour au domaine royal, pour être cédée ensuite par Charles VI à un autre comte de Savoie, Amédée le Rouge (1385). En 1400, Jean d'Orléans, duc de Berry, acheta le château qui commençait déjà à tomber en ruines et le restaura entièrement avec un luxe et une magnificence inouïs. Tous les historiens du temps font mention de la beauté et des richesses du château de Bicêtre où l'on voyait dans la grande salle les portraits originaux de Clément VII et des cardinaux de son collége, ceux des rois et des princes de France, ainsi que ceux des empereurs d'Orient et d'Occident.

Au moment de la querelle des Armagnacs et des Bourguignons, fut signée, au château de Bicêtre, la

paix de Winchester (Trahison de Winchester) qui fut
de courte durée ; car, en 1414, les bouchers de Paris,
soutenant les Bourguignons, vinrent assiéger le
château de Bicêtre qui fut mis au pillage et incendié.
Le duc de Berry en donna les ruines (V. *fig.* 1) au
Chapitre de Notre-Dame en échange de quatre obits
et de deux processions. Le chapitre de Paris ne fit
rien pour Bicêtre qui, dès lors, servit de repaire
aux voleurs, aux loups-garous, aux sorciers, etc.
En 1520, après une expédition à main armée
contre les malfaiteurs réfugiés dans les ruines de
Bicètre, les pierres du château furent données à l'Hô-
tel-Dieu pour la construction de l'Hôpital projeté de
la Charité, ce qui amena l'abandon complet du vieux
manoir. En 1632, il rentra de nouveau dans le
domaine royal. Richelieu fit achever la démolition
des ruines et y commença la construction d'un hôpital destiné à recevoir les soldats et officiers invalides
(Commanderie de Saint-Louis). Ce projet ne fut pas
mis à exécution. Ce fut alors que Vincent de Paul
obtint d'Anne d'Autriche la permission d'y recueillir
les enfants trouvés. En 1656, l'Hôpital général était
fondé par Louis XIV qui décida d'annexer Bicètre
à cette fondation et conçut l'idée de construire les
Invalides à l'endroit qu'ils occupent aujourd'hui.
C'est de cette époque que date la fondation de l'hospice et de la prison, qui reçurent, comme pensionnaires, les mendiants, les vagabonds, les jeunes
voleurs, les fils de famille débauchés et les vénériens
des deux sexes, ainsi que de vieux serviteurs du roi.

Les plus anciens registres de Bicêtre (1716)
donnent la liste des différentes catégories de pensionnaires : épileptiques, insensés, faibles d'esprit,
caducs, scorbutiques, écrouelleux, aveugles, estropiés, teigneux, mal taillez, gâteux, vénériens, bons

pauvres, paralytiques, soldats invalides, enfants trouvés et orphelins, divisés en cinq emplois dont le premier était la *maison de force* où l'on enfermait les prisonniers par lettres de cachet.

Tous ces emplois ou sections étaient horriblement mal tenus. Le quartier des vénériens était dans un état déplorable. En 1685, il y en avait 70; en 1737, 134. La durée des soins accordés à ces malades était fixée à six semaines, à la suite desquelles il était accordé quinze jours de convalescence. Guéris ou non, les malades devaient partir. On les fustigeait à l'entrée et à la sortie. La section des hommes avait à sa tête un sous-gouverneur ; celle des femmes une officière et deux gouvernantes. Dans ce quartier, les malades étaient entassés, selon Mirabeau, comme une cargaison de nègres dans un navire africain. Chaque salle contenait deux rangées de lits, mais il n'était pas rare de voir le plancher jonché de malades. Dans le même emploi, se trouvaient les enfants de la correction. Un autre emploi était le quartier Saint-Prix, consacré aux aliénés. Il se composait du pavillon de l'ouest et de 111 loges formant des rues ainsi nommées: rue d'Enfer (11 loges), rue des Furieux (13 loges), rue de la Fontaine (13 loges), rue de la Cuisine (32 loges), cour du Préau (42 loges). Il y avait encore des cachots souterrains. Les aliénés étaient parqués comme des bêtes et livrés aux agacements stupides des gardiens et des visiteurs qui se faisaient un plaisir de les exciter. Le nombre des aliénés excédait souvent celui des loges. Aucun remède ne leur était donné. Les idiots, les imbéciles et les épileptiques étaient placés à part dans un autre quartier appelé 6ᵐᵉ emploi. On y trouvait: au rez-de-chaussée (Saint-Jean), les gâteux ; au 1ᵉʳ étage (Visitation), les enfants infirmes ; au 2ᵐᵉ étage (Saint-François), les idiots et les imbéciles ; au 3ᵐᵉ (Saint-

Fiacre), les épileptiques. Chaque étage contenait de 60 à 80 lits.

En 1792, la disette la plus grande règne à Bicêtre. C'est à cette époque que la guillotine est essayée pour la première fois dans l'établissement sur des cadavres. On peut aussi citer cette même année le transfert définitif des vénériens de Bicêtre à l'hôpital des Capucins et la séparation des fous en plusieurs catégories sous les auspices de l'illustre Pinel, qui, nommé médecin de Bicêtre, vint apporter le premier dans le service, des réformes radicales qui ont été le point de départ de l'organisation actuelle de l'assistance des aliénés. Il fut aidé dans sa tâche humanitaire par le surveillant Pussin.

La population de Bicêtre, en 1792, était nombreuse et le matériel insuffisant. Pour 2,793 individus, il n'y avait que 1505 lits pour coucher seul ; 232 lits à deux personnes ; 241 à double cloison ; 177 scellés dans le mur pour les fous ; 126 auges pour les gâteux et 138 lits de sangle.

Au nombre des prisonniers enfermés à Bicêtre, on peut citer : Latude, Hervagaut, le prévot de Beaumont, Lacenaire, Contrafatto, Avril, Lacolonge, les quatre sergents de la Rochelle. Parmi les aliénés, l'abbé Fournier, chapelain de Napoléon Ier ; Journet, fouriériste, Commerson, l'abbé Cotton, l'abbé Paganel, etc. En 1792, des massacres eurent lieu à Bicêtre, mais on en a beaucoup exagéré l'importance. Les milliers de victimes cités par les historiens se réduisent, d'après les régistres même de Bicêtre, qui seuls font foi, à 172.

Après la Révolution, époque où il fut réuni à l'administration des hospices civils, Bicêtre devint ce qu'il est aujourd'hui, sauf la prison qui fut supprimée en 1836. Lors de la guerre 1870-71, on dut éva-

cuer les pensionnaires de l'établissement. On envoya
les aliénés en province ; les vieillards furent répartis
dans différents hospices et Bicêtre, occupé par l'administration de la guerre, devint un hôpital militaire
où furent traités 8,176 varioleux, sur lesquels 1,314
moururent.

Organisation actuelle de l'Hospice.

L'hospice de Bicêtre occupe une superficie totale
de 215.756 mètres carrés. La surface bâtie est de 2
hectares, 12 ares, 85 centiares, non compris les nou-
veaux bâtiments des enfants. L'établissement est
complètement isolé et circonscrit au N. par la rue
de l'Annexion, au S. par le chemin des médecins, à
l'O. par la route stratégique, à l'E. par la rue du
Kremlin et la rue du Fort. La population de l'hospice
au 1er juin 1893 est de 3717. Elle se subdivise de la
façon suivante : 1° vieillards, 1793 et 66 reposants ; 2°
aliénés, 1.037 ; épileptiques non aliénés, adultes et
enfants, 90 ; 4° personnel, 443 ; 5° famille du personnel, 235 ; 6° malades temporaires, 53. Les administrés
de l'hospice sont répartis en cinq divisions, les quatre
premières forment l'*hospice proprement dit*. La première division comprend deux sections dont la première possède 4 salles destinées aux vieillards valides et la deuxième, six salles pour les grands infirmes. La deuxième division renferme cinq salles destinées aux vieillards valides ; la troisième division
comprend, dans sa première section, quatre salles et
des chambres pour les reposants ; la deuxième
section renferme huit salles dont sept reçoivent les
grands infirmes et le huitième les cancéreux. La
quatrième division est celle de l'*infirmerie* où l'on
compte quatre salles de médecine et deux de chi-

rurgie. Enfin, vient la cinquième qui forme l'*asile des aliénés*. L'*Asile* est divisé en quatre sections. La première, composée de douze salles et d'un pavillon de 4 à 20 lits, de 20 cellules à 1 lit, renferme 227 malades ; la deuxième section, dix salles de 3 à 60 lits et 20 cellules à 1 lit, contient 227 malades ; la troisième celle des épileptiques adultes, aliénés et non aliénés comprend 188 malades ; la quatrième, que nous décrirons plus loin, possède 485 enfants idiots, imbéciles, arriérés, paralytiques, épileptiques et hystériques.

Le *service médical* de l'hospice est fait, en 1893, par un médecin, M. Déjerine, et un chirurgien, M. Brun, qui sont attachés à l'infirmerie générale. L'asile des aliénés comprend cinq médecins, qui sont : MM. Bourneville, Charpentier, Deny, Féré, médecins des sections, et M. Chaslin, médecin suppléant. M. Bertoud est pharmacien en chef. M. le D^r Th. Bouvet est chargé du service dentaire. Le service médical est complété par 8 internes titulaires en médecine, 6 internes provisoires, et 6 internes en pharmacie. Nous devons signaler : 1° la *bibliothèque des administrés* développée par le Conseil municipal de Paris ; 2° la *bibliothèque médicale* contenant environ 4000 volumes, subventionnée chaque année par le Conseil municipal et entretenue par les cotisations des internes ; 3° la *bibliothèque des internes en pharmacie*, contenant 450 volumes ; 4° le *musée anatomo-pathologique*, créé en 1880 par nous ; il a été confié de 1885 au mois d'avril 1889 à M. le Dr Bricon, et depuis lors à M. le Dr P. Sollier.

Le *personnel administratif* comprend : 1 directeur (M. Pinon), 1 économe (M. Husson), 7 employés et 2 sous-surveillants. Le *personnel attaché aux administrés*, vieillards, incurables, aliénés, etc., se compose de 3 instituteurs, d'un maître de chant et d'un professeur de gymnastique (service des enfants), de 21 surveillants et surveillantes, 33 sous-surveillants et sous-surveillantes, 1 garçon d'amphithéâtre, 3 panseurs, 30 suppléants et suppléantes, 254 infirmiers, infirmières de toutes classes, et 32 garçons de service. Outre ce personnel, on compte encore le *personnel professionnel* permanent. Réparations des bâtiments : 9 chefs d'ateliers : maçonnerie, menuiserie, serrurerie, fumisterie, couverture, plomberie, peinture, charonnage, tonnellerie, dirigés par un architecte-inspecteur, résident, M. Delahaye. — Services généraux : 1 surveillant, 1 sous-surveillant et 1 suppléant; blanchissage : 4 sous-surveillantes, 2 suppléantes et 2 filles de service. — Service des transports : 4 suppléants et 1 garçon de service. — Eaux : 3 sous-surveillants, 1 suppléant et 7 garçons. — Divers : 1 surveillant, 1 sous-surveillant, 3 suppléants et 1 garçon de service.

Budget de Bicêtre pour 1893.

Le budget total de Bicêtre pour 1893 a été prévu au chiffre de 2.105.290 francs. L'exercice 1892 a été, pour un nombre de 1.273.918 journées d'administrés, réglé à 2.098.548 francs. Voici le détail du budget de ce vaste hospice pour 1893.

Désignation des Sous-Chapitres.	Budget
Personnel administratif	34.600
Frais de bureau, de cours, de concours et d'adjudication	19.000
Personnel médical	43.900
Personnel attaché au service des administrés	175.890
Réparations de bâtiments	62.000
Service de la pharmacie	36.000
Service de la boulangerie	219.600
A reporter	590.990

Report.........	590.990
Service de la boucherie................	312.500
Service de la cave....................	181.700
Comestibles..........................	328.000
Chauffage et éclairage................	167.400
Blanchissage.........................	83.000
Bandages, coucher, linge et habillement, mobilier...	209.700
Appareils et instruments..............	17.200
Frais de transport....................	21.400
Eaux, salubrité, dépenses diverses.....	92.100
Frais de diverses exploitations........	101.300
Total.........	2.105.290

SERVICES GÉNÉRAUX.

Il existe à Bicêtre, depuis 1878, une *École professionnelle d'infirmiers et d'infirmières laïques* fondée, sur notre demande, par le Conseil municipal de Paris. Les résultats obtenus dans cette école et dans celles de la Salpêtrière et de la Pitié ont permis de procéder dans d'excellentes conditions à la laïcisation des hôpitaux de Paris. Le budget de l'école est de 5.300 fr. Les différents ateliers desservis par les pensionnaires de la maison, sont au nombre de 18 : 1° plomberie et couverture ; 2° maçonnerie ; 3° serrurerie ; 5° fumisterie ; 6° peinture ; 7° grand puits ; 8° charronnage ; 9° buanderie ; 10° lingerie ; 11° tapisserie ; 12° tailleur ; 13° tonnellerie ; 14° barbier ; 15° cordonnerie ; 16° menuiserie ; 17° ferblanrie ; 18° photographie.

Le *chauffage* de l'établissement se fait au moyen de poëles et de calorifères. Il a été consommé, en 1892 : 185 stères de bois, 65 hectolitres de charbon de bois, 2.390.000 kilogrammes de houille, 16.734 hectolitres de coke, etc. L'*éclairage* est fourni aujourd'hui par la Compagnie parisienne du gaz. Il a été consommé en 1892, 327.368 mètres cubes de gaz qui ont nécessité une dépense de 57.310 fr. 97 cent. On emploie aussi dans les salles des lampes et des veilleuses, ce qui est un anachronisme ; il y avait à Bicêtre une usine à gaz qui a été supprimée en 1884.

Les *vidanges* de Bicêtre sont faites de trois façons : 1° les baquets que l'on vide dans les jardins ; 2° les fosses fixes vidangées par un entrepreneur ; 3° l'écoulement à l'égout par tinettes. Le réseau des égouts de Bicêtre, dont la plus grande partie est de construction ancienne, se compose de trois branchements principaux qui vont se réunir dans le marais, au voisinage de l'emplacement des gazomètres, avant de se jeter dans l'égout départemental de la route de Fontainebleau qui, après avoir traversé la commune d'Ivry, se déverse en Seine en face de Conflans.

L'hospice est approvisionné d'*eau*, d'abord par le grand puits de Bicêtre, construit en 1733, par l'architecte Germain Boffrand, à travers le roc et la glaise. Il a 58 mètres de profondeur et 5 mètres de diamètre. Maçonné jusqu'à 30 mètres, il est creusé ensuite dans le roc vif. La masse liquide a deux mètres de profondeur. Autrefois, un manège était établi près de ce puits et l'eau était tirée dans d'immenses seaux par les prisonniers, puis par les aliénés, en particulier par les épileptiques. Plus tard, on remplaça les hommes par des chevaux. Aujourd'hui, c'est une machine à vapeur qui assure le fonctionnement d'une pompe hydraulique. Cette machine, de la force de 15 chevaux, tarit le puits en une heure et demie. Il faut trois quarts d'heure pour qu'il se remplisse de nouveau. La machine fonctionne à peu près douze heures par jour et amène en moyenne 217.000 litres d'eau qui se déversent dans un réservoir divisé en deux parties, de la première (eau du puits) a 20 mètres 51 centimètres de longueur, 14 mètres 35 centimètres de largeur et 5 mètres 58 centimètres de profondeur ; son cube est de 759.341 litres ; la seconde (eau de Seine) a 20 mètres 50 centimètres de longueur, 5 mètres 16 centimètres de largeur et 2 mètres 60 centimètres de profondeur, son cube est de 275.162 litres. Toutefois, cette quantité est très insuffisante pour Bicêtre. Des canalisations spéciales amènent encore 8.000 litres d'eau des sources de Rungis, qui alimentent une des sections de l'hospice.

Outre ses domaines intra-muros, Bicêtre exploite encore des *domaines extérieurs* (environ 6 hect.), autrefois beaucoup plus étendus et que l'Administration aurait dû conserver, afin d'assurer aux malades un travail approprié à leur traitement et à la maison un approvisionnement abondant de légumes, de fruits, etc. On doit aussi regretter vivement la disparition presque totale de la vacherie et de la basse-cour.

Les *entrées* à l'hospice de Bicêtre ont été pour 1892 : vieillards malades temporaires et reposants, 680 ; aliénés ou épileptiques, 321 ; enfants, 166. Dans la même année, les *sorties* ont été de 347 pour les vieillards, malades temporaires et reposants ; 232 pour les aliénés et épileptiques ; 51 pour les enfants.

La *mortalité* a suivi la marche ci-après dans les quinze dernières années :

		Enterrements civils.
1878	467	110
1879	470	128
1880	411	72
1881	510	55
1882	502	81

		Enterrements civils.
1883...................	547	135
1884...................	465	133
1885...................	505	287
1886...................	456	242
1887...................	493	245
1888...................	455	228
1889...................	418	157
1890...................	442	163
1891...................	483	178
1892...................	476	182

Description.

Lorsqu'on sort de Paris par la porte d'Italie, on aperçoit aussitôt, devant soi, à droite et à mi-hauteur de la colline un grand bâtiment de deux étages, dont le toit à la Mansard est recouvert d'ardoises, et dont la façade qui regarde Paris est interrompue par quatre pavillons plus élevés : c'est l'hospice de Bicêtre. En avant et en contre-bas de ce grand bâtiment, toujours du côté de Paris, se trouvent des constructions parallèles, désignées sous le nom de Sibérie, parce que la température y est toujours inférieure à celle des autres cours. Les bâtiments de la Sibérie sont unis au bâtiment principal par deux pavillons transversaux, l'un pour les cancéreux, l'autre pour la lingerie. Ils sont interrompus par un espace demi-circulaire, abondamment pourvu de lilas et où se trouve l'ancienne entrée de Bicêtre sur la façade nord de laquelle on lit l'inscription suivante :

A SAINT-JEAN-BAPTISTE

HOSPITAL GÉNÉRAL

1668

. En avant de la Sibérie et de cette porte, s'étend un vaste espace triangulaire, occupé par le chantier au charbon et au bois, par des jardins d'employés à l'endroit où se trouvait l'usine à gaz (V. plan n° 8). Au sommet de ce triangle on aperçoit un monument bizarre, gothique, c'est le service des morts déplorablement installé à tous égards. Auprès se trouve l'ancien cimetière de Bicêtre (Pl. n° 2). La figure 2, ne donne qu'une idée très incomplète de ce qu'est Bicêtre, car, en arrière du grand bâtiment que nous venons de décrire, s'élèvent de nombreuses constructions entourant des cours spacieuses et de vastes jardins.

On pénètre aujourd'hui dans l'hospice par une porte monumentale, dont l'axe est parallèle au grand bâtiment, à laquelle vient aboutir l'avenue de Bicêtre. De chaque côté de la grande porte sont disposés extérieurement des jardins-squares désignés sous le nom de quinconces. A droite et à gauche de cette porte sont des bâtiments à un étage bas, où sont assez mal logés des employés et des sous-employés. Ils donnent d'un côté sur les quinconces et de l'autre sur la première cour de l'hospice bordée sur ses trois autres côtés par des bâtiments consacrés aux vieillards (plan, n° 21), à la bibliothèque (n° 24), aux ateliers de la maison (n° 25).

. Le bâtiment parallèle à la porte d'entrée est percé de trois voûtes, qui donnent accès dans une deuxième cour, dite cour de l'église. On y remarque à droite une portion du grand bâtiment comprise entre les deux pavillons centraux, où se trouvent au rez-de-chaussée une salle de réunion, le service du perruquier et les bains des vieillards. En face est le bâtiment de l'infirmerie générale (chirurgie au 1er, médecine au 2me et 3me étages). Au rez-de-chaussée, réfectoire et pharmacie, dans les caves de laquelle

on voit les restes des cachots des condamnés à mort.
A gauche est l'église (n° 33), sans grande importance, construite par Levau. Seul, l'orgue est remarquable par ses sculptures que malheureusement un
directeur maladroit, sous prétexte de restauration,
a fait couvrir d'un affreux badigeon. Près de l'église
est l'ancien presbytère, habité par l'économe et des
employés ; de l'autre côté, les ateliers des vieillards,
aujourd'hui abandonnés (n° 26), les bâtiments de la
cour des marchands où se trouvent une épicerie et
deux débits de tabacs ; un bâtiment irrégulier affecté
à des logements particuliers (n°s 27 et 28), l'ancienne
lingerie (n° 26), servant de magasin, l'ancien manège,
le puits, les réservoirs d'eau (n° 29), au-dessus des-
quels étaient autrefois les épileptiques et où sont
aujourd'hui quelques-uns des ateliers de la maison
(cordonnerie, habillement, tapisserie) et où travail-
lent des vieillards et des aliénés adultes.

Après avoir franchi la voûte de l'infirmerie, on
arrive dans la 3me cour : en avant la direction (n° 55),
la cuisine, l'économat et ses dépendances (n°s 62 et
63), la cour de la direction (jeu de boules) où l'on
découvre, à droite, la dernière partie du grand bâtiment, à gauche le pavillon des cabanons (n°s 52 et
53), partie de l'ancienne prison, comprenant à chaque étage un couloir, large, bas et obscur, de chaque côté duquel sont de petites chambres tout-à-fait
malsaines : c'est là que logent les internes en médecine, et que sont situées leur salle de garde et leur
bibliothèque. Les internes en pharmacie sont logés
au dehors. La salle de garde et la bibliothèque des
internes en pharmacie sont situées près de la cour
des marchands (n° 27). En arrière de l'extrémité
droite du grand bâtiment, on voit la buanderie
(n° 60), en fort déplorable état, et le champ d'étendage (plan, M, et *fig*. 3, K).

Reprenant la rue principale, suivant l'axe E.-O
(plan, n° 1, A B D), on passe entre la direction et les
cuisines, et on trouve à gauche les remises et écuries
(n° 56), l'ancienne basse-cour avec la vacherie (plans
n°⁸ 57, 58 et *fig.* 3, E, F.), à droite les dépendances
de l'économat et de la cuisine (n° 63), puis le cham-
d'étendage (M). On aboutit enfin à une porte ouvrant
sur le marais, c'est-à dire sur le jardin potager de
l'hospice qui s'étend en pente assez rapide jusqu'à
la route stratégique et la rue de l'Annexion. Là finit
la description de l'hospice. Passons maintenant à
celle de l'*Asile* (5ᵐᵉ division).

Pour s'y rendre, on quitte la grande rue de l'hos·
pice, on tourne à gauche devant la direction et on a
devant soi la porte d'entrée de l'asile et à droite
une autre porte cochère ouvrant sur une rue à pente
rapide conduisant à la Sûreté (plan, n° 46, et *fig.* 3,
D). La cour commune de la 5ᵐᵉ division offre les
cabinets des médecins (52 bis), le bureau des aliénés
(52), l'ancienne école des enfants servant d'école pri-
maire aux infirmiers et infirmières et de parloir aux
familles des aliénés, le jeudi et le dimanche, le pavillon de la Force (épileptiques adultes). Ce pavillon
faisait autrefois partie de la prison de Bicêtre. Vient
ensuite le quartier des agités de la 2ᵐᵉ section. En
haut de la rue F, qui fait suite à la porte d'entrée, il
y a en face, la porte d'entrée de la 2ᵐᵉ section ; à
droite, la grille d'entrée de la 4ᵐᵉ section (enfants) ;
à gauche, la porte de la 1ʳᵉ section. La disposition de
ces vieux bâtiments n'a rien qui mérite d'être relevé
particulièrement. Parmi leurs dépendances, nous
citerons l'ancienne Sûreté et le quartier des agités,
dit des colonnes, de la 1ʳᵉ et de la 2ᵐᵉ section. Les 3
sections, consacrées aux aliénés adultes, ont pour
complément un quartier de force, la Sûreté. Elle a

PLAN DE BICÊTRE (ce plan complète la description). — 1. Pavillon d'entrée, 2. Direction des postes et logement d'un des employés; 3. Salle de consultation; 4. Logement; 5. Indigents, grands infirmes; 6. Lingerie; Chapelle des protestants, logement au-dessus; 8. Gazomètre; 9. Amphithéâtre; 10. Chantier et magasin aux métaux; 11. Ancien cimetière; 12, 13, 14, 15, 16, 17. Indigents valides (bâtiment dit du Vieux-Château); 18. Pavillon des bains; 19. Réfectoire, dortoirs d'indigents au-dessus; 20. Id.; 21. pharmacie, au-dessus infirmerie d'indigents; 22. Indigents valides; 23. Id., salle de discipline; 24. Bibliothèque; 25. Atelier de la maison; 26. Atelier des indigents et boutique des marchands; 27, 28. Logements divers, dortoirs de filles de service; 29. Grand puits et réservoir au-dessus, atelier d'habillement; 30. Garde-meubles; 31, 32. Logement et jardin du médecin résidant; 33. Église; 34. Logement de l'économe, etc. 35. Aliénés (1re section); 36. Id., chauffoir; 37. Réfectoire des épileptiques; 38. Aliénés tranquilles (1re section); 39. Id. (2e section); 40. Aliénés, service de chirurgie; 41. Réfectoire des aliénés (1re section); 42. id., id. (2e section, dortoirs au-dessus; 43. Classe et chauffoir (2e section); 44-45. Gymnase (couvert et découvert) des aliénés dangereux; 47. Aliénés agités (2e section); 48. Parloir des familles et enfants; 49. Logement du concierge; 50. Classes et réfectoire des enfants; 51. Épileptiques; 52. Bureau d'admission des aliénés; 52 (bis). Cabinets des médecins; 53. Logements divers, cabanons de l'ancienne prison; 54. Musée pathologique; 55. Direction; 56. Rentrées; 57. Beurrerie; 58. Hangars; 59. Charcuterie, boucherie, au-dessus magasins d'habillement; 60. Buanderie; 61. Patisserie et comestibles; 62, 63. Économat, cuisine; 64. Jardin pour la culture maraîchère de l'hospice; 65. Habitation du gardien des jardins; 66. Ateliers des enfants; 67. Réfectoire des enfants de la grande école; 68. Réfectoire des enfants de la petite école; 69. Traitement du gâtisme; 70. Petite école; 71. Grands bains; 73-73. Cabinets; 74-74-74. Dortoirs; 75. Dortoirs des ...; 76. Pavillon des gâteux; 77. Infirmerie; 78. Pavillon pour les malades contagieuses; 79. Cellules; 80. Dortoirs en construction. — Désignation des cours. Hospice. A. Cour d'entrée; B. Cour de l'église; C. Cour de l'infirmerie; Cour de la direction; E. Cour des grandes infirmes; Atelier ... — O. Cour des agités (1re section); H. Cour des ...; Cour des paisibles (2e section); J. Cour des agités (2e section); K. ... la section des enfants; K. Cour du gymnase et des ... lépreux (3e section). — Services et travaux ...; N. Cour du puits; O. Cour des marchands; P. Jardins divers; Q. ... conces; R. Bois.

Fig. 3. — Vue d'une partie de Bicêtre prise du pavillon 13 (fig. 2): — A, ateliers des enfants; C, réfectoires; B, écoles; B, B, B, dortoirs; C, C, bâtiments des gâteux; D ...; E, écuries et remises; F, hangar et basse-cour; ... nomies; K, champ ...

été construite de 1846 à 1852 sur un terrain en contre-bas, ce qui rend encore plus triste son aspect de véritable prison. Ce bâtiment a une forme circulaire. Le rez-de chaussée se compose : 1° d'une rotonde centrale servant d'office et de réfectoire pour les infirmiers (une série d'ouvertures pratiquées dans le mur permet de surveiller l'ensemble des malades); 2° d'une galerie circulaire; 3° de promenoirs ou préaux intérieurs, segments d'une zone circulaire, qui vont en s'élargissant vers l'extérieur; 4° de préaux fermés du côté de la galerie par de gros barreaux et donnant au fond sur des cellules au nombre de trois pour chaque préau et dont les portes sont munies de barreaux. L'un des préaux est réservé aux malades les moins dangereux, qui couchent dans deux dortoirs de 4 à 6 lits. Enfin, chaque préau intérieur communique par un couloir avec les préaux découverts, clos de murs très élevés, mais qui n'empêchent pas toujours les évasions. Il y a encore un rez de-chaussée, sur le devant, une loge pour le concierge, un escalier qui conduit au premier étage, puis, une salle de bains au-dessus de laquelle est le dortoir des infirmiers. Ce service déplorable devrait être supprimé.

Il ne nous reste plus qu'à parler de la *section* réservée aux *enfants* atteints de maladies nerveuses, (idiots, imbéciles, arriérés, hémiplégiques, épileptiques et aliénés).

Dans un mémoire très remarquable présenté à l'Académie de médecine en 1857, M. Delasiauve se plaignait vivement de l'organisation de ce service et demandait, en vain, des réformes urgentes.

Ses successeurs dans le service, MM. A. Voisin et J. Falret, ne furent pas plus heureux que lui. A cette époque (1857-1879), les enfants, au nombre de 120 à 130, occupaient le premier étage du bâtiment des

épileptiques de la 3ᵉ section (Pavillon de la Force).
La salle qu'on appelait l'*infirmerie* recevait non seu-
lement les enfants atteints de maladies et de blessu-
res, mais encore les enfants atteints de maladies
contagieuses (teigne, croup, rougeole, etc.) et les
enfants agités que l'on attachait aux poteaux de la
salle ou que l'on camisolait. Enfin, cette salle servait
de dortoir, de réfectoire et de salle de réunion aux
enfants idiots et gâteux. C'était un véritable *dépotoir*.
Dans des rapports faits au Conseil général en 1878
et 1879, au nom de la commission de l'Assistance
publique, nous avons signalé cette situation vérita-
blement honteuse pour l'administration et la ville
de Paris, demandé la séparation des enfants et des
adultes et réclamé la création d'une section spéciale
pour les enfants. Malgré les résisances les moins
justifiées de l'Assistance publique d'alors et de son
Conseil de surveillance, le Conseil municipal votait
en 1882 les fonds nécessaires à la construction des
ateliers pour l'enseignement professionnel des
enfants et adoptait le plan général de la section
d'après le programme général dressé par nous et
complété par M. Imard, inspecteur de l'Assistance
publique. Le 3 juin 1883, le même conseil votait
un crédit de 1.560.000 francs pour la construction de
la première partie de la section, d'après les plans
dressés par M. Gallois, architecte, conformément à
notre programme. Les travaux furent conduits avec
une rapidité exceptionnelle pour l'administration et
avec beaucoup d'habileté et de talent par M. Gallois.
Au mois de décembre 1887, le Conseil municipal
votait un crédit de 337,312 fr. pour la construction
du quartier des cellules, et d'un autre pavillon à
usage de dortoirs et au mois de mars 1889, un crédit
de 409.002 fr. 92 pour la construction des trois
derniers pavillons. Les travaux de construction ont

été terminés en 1892 ainsi que l'installation du musée scolaire et du musée anatomo-pathologique. La dépense totale a été de 2.217.727 fr.

La *section des enfants* se développe sur un coteau exposé à l'Ouest, dominant la vallée de la Bièvre et la commune de Gentilly. On y pénètre par une allée longeant à gauche le parloir pour les familles des enfants, adossé à une dépendance de la 2ᵐᵉ section, et, à droite, le quartier des colonnes de la même section. Dans la cour même, où est installé le *gymnase* découvert, on trouve le gymnase couvert, les *ateliers* qui sont aujourd'hui au nombre de sept: cordonnerie, couture, menuiserie, serrurerie, vannerie, rempaillage, brosserie et imprimerie. Cette cour est limitée à l'E. par celle de la 2ᵐᵉ section et à l'O. par les réfectoires des enfants. La seconde cour, cour des écoles, est limitée par l'autre façade des réfectoires, le service du traitement du gâtisme, les écoles et les bains. On trouve en descendant, à gauche et à droite, six pavillons échelonnés parallèlement, à usage de dortoirs, puis le *bâtiment des gâteux*, et, en arrière, l'*infirmerie*, le *pavillon d'isolement* pour les maladies infectieuses et le *pavillon des cellules* : ces quatre derniers pavillons constituent en quelque sorte l'*hôpital* de la section. Les *écoles*, les *réfectoires* et les *ateliers* constituent le service scolaire et de l'enseignement professionnel.

Tous les espaces compris entre les divers bâtiments ont été transformés en jardins servant aux leçons de choses : 1° *jardin des figures géométriques* (arbustes verts taillés en cône, cubes, etc.) ; 2° *jardin des surfaces* (petites pelouses bordées de buis en forme de triangle, de carré, etc.) ; 3° *jardin des fleurs* ; 4° *jardin potager* avec arbres fruitiers ; 5° *verger* planté d'arbres fruitiers (pommiers, poi-

riers, pruniers, cerisiers, etc.) ; 6° le *champ des céré-
ales* ; 7° le *champ des plantes fourragères* ; 8° le
vignoble ; 9° enfin, un petit *bois* planté d'essences
variées s'étend à l'extrémité de la section.

Tous les bâtiments sont à rez-de-chaussée, sauf
deux : celui des gâteux, qui a un étage et où existe
une salle de rechange ; celui qui fait suite aux écoles dont la première moitié est consacrée à un *Musée
scolaire* et sert de salle de lecture et de projections,
et la deuxième au *Musée anatomo-pathologique*.

Les constructions sont en fer, briques et tuiles ;
les soubassements en pierre meulière, séparées de
briques par un bandeau de pierres de taille.

Dans toute la section, les cabinets d'aisances sont
à l'anglaise, cirés, avec fermeture hydraulique et
leur ventilation est activée dans le tuyau d'appel par
un bec de gaz allumé nuit et jour. Grâce à une surveillance active, on parvient à maintenir tous les
cabinets d'aisances dans le plus parfait état de pro-
preté. On pourra obtenir, quand on le voudra, de la
même façon, ce résultat dans les lycées, les écoles
primaires, les hôpitaux, les casernes, les prisons, etc.

Dans plusieurs des sous-sols, qui sont asssz élevés, en raison de la topographie du terrain, nous
y avons installé le *service du perruquier*, les *bains
de pieds*, le *magasin de chaussures* des enfants,
avec une salle, où on leur apprend à les cirer.

Il y a quelques jours nous avons fait agrandir les
fenêtres du sous-sol-rez-de-chaussée du bâtiment
des gâteux et nous y avons organisé une salle d'école
pour une vingtaine d'enfants. Cet aménagement a
été nécessité par l'accroissement de la population qui
dépasse de plus de *cent* le chiffre de la population
pour laquelle la section a été construite.

Pour tout ce qui concerne la méthode d'enseignement et le traitement, nous nous bornerons à dire,

ici, que l'on a surtout recours aux *bains*, à l'*hydro-thérapie*, à la *gymnastique*, et aux *leçons de choses sous les formes les plus diverses* ou, pour résumer, à l'*éducation physique et physiologique*.

Jusqu'à cette année (1893), les pavillons n'avaient pas de désignation spéciale. nous avons proposé à M. Peyron, qui y a consenti, de donner aux pavillons les noms des médecins qui se sont occupés d'une façon digne d'être rappelée de l'assistance, du traitement et de l'éducation des enfants idiots et arriérés. Nous avons choisi les noms de Belhomme, Delasiauve, Falret (J.-P.), Ferrus, Guggenbülh, Jacobi, Séguin, F. Voisin.

En tête des médecins qui ont passé par Bicêtre, nous citerons : Ph. Pinel, Esquirol, Ferrus (1826-40), Lélut (182736), Rochoux (1831-46), Scipion Pinel (1836-39), Leuret (1836-51), Horteloup (1837-43), Félix Voisin (1839-41), Archambault (1840-41), Moreau de Tours (1840-63), Delasiauve (1844-64), Pelletan de Kinkelin (1844-54), etc., etc. Au nombre des chirurgiens les plus célèbres qui ont exercé à l'hospice deBicêtre, nous mentionnerons: Cullerier, Murat (1816-17), Guersent (1837-39), Malgaigne (1840-42), Nélaton 1842-45), Maisonneuve (1845-48), Broca (1861--62), etc.

Réformes.

Parmi les différentes réformes qu'exige Bicêtre, nous signalerons les suivantes: « Augmentation et amélioration de l'approvisionnement d'eau (tous les administrés devraient recevoir de l'eau filtrée) ; installation de lavabos dans tous les dortoirs ; reconstruction du service des bains qui sont insuffisants pour un aussi vaste établissement ; construction d'un grand service hydrothérapique, d'une nouvelle infirmerie et transformation de l'ancienne en dortoirs de grands infirmes ; reconstruction du service des morts avec musée et laboratoire ; création d'un poste d'instituteur pour les aliénés adultes et d'un quatrième emploi d'instituteur pour la section des enfants ; transformation radicale des cabinets d'aisances ; utilisation agricole des eaux d'égouts ; extension du travail horticole et agricole ; rétablissement de la vacherie et de la ferme ; éclairage des salles au gaz ou mieux à la lumière électrique ; construction d'un pavillon pour les internes (1) ; transformation, si c'est possible, du bâtiment des cabanons en dortoirs de vieillards ; transformation des dortoirs des infirmiers et infirmières en chambres particulières, etc. » (2).

Bibliographie : MIRABEAU, Observations d'un voyageur anglais sur la maison de force de Bicêtre. — DULAURE, Histoire des environs de Paris. — Ouvrages divers sur les prisons. —MAXIME DU CAMP, Paris, ses organes, sa vie, ses fonctions. — ANDRÉ ROUVIÈRE, Essai sur la topographie physique et médicale de Paris. — BOURNEVILLE, Rapports au Conseil municipal, 1878, n° 25 ; 1880, n° 59 ; 1883, n° 65. — Du même, Rapports au Conseil général sur le budget des aliénés de 1878 à 1882, et Comptes rendus annuels du service des enfants de 1880 à 1892. — LOUIS FAURE, L'Epopée de Bicêtre, 1888. — PAUL BRU, Histoire de Bicêtre, 1890.

---

(1) Le projet est à l'étude depuis 1890 ; il est grand temps d'en voir commencer l'exécution.

(2) La première édition a été faite avec l'article que nous avons publié avec M. Albin Rousselet dans la *Grande Encyclopédie*, article d'où sont tirées les figures ci-après. La seconde édition de même que celle-ci ont été revues exclusivement par nous.   (B.)

Résumé :

?   — Grange aux Gueux.

1250.   — Colonie de Chartreux.

1286.   — Château bâti par l'évêque de Winchester d'où Wincester, Wicestre, Bicêtre.

1441.   — Château royal du duc de Berry ; pillage et incendie (Guerre des Armagnacs et des Bourguignons.)

Louis XIII. — Tentative pour y faire l'hôtel des Invalides.

Louis XIV. — Don de Bicêtre à l'Hôpital Général (1656).

1657.   — Installation de 600 mendiants, estropiés et incurables, paralytiques, imbéciles, épileptiques, rompus.

1789 avant. — Mêmes catégories ; de plus, aliénés, prisonniers, vénériens et vénériennes de la Salpêtrière.

1792.   — Transfert des vénériens et des vénériennes à l'hôpital du Midi.

1802.   — Transformation des hangars en ateliers de vieillards.

1836.   — Suppression de la prison.

1839-46.   — Construction des bâtiments de la Sibérie.

1852-53.   —   —   de la Sûreté.

1855.   —   —   de la lingerie.

1856-58.   —   —   du grand bâtiment de la cour de la Direction.

1873-75.   —   —   du grand bâtiment de la cour d'entrée.

1883-84.   —   —   des ateliers, des réfectoires, des écoles, de 2 dortoirs et de l'infirmerie de la section des enfants.

1886.   —   —   du pavillon des contagieux.

1888.   —   —   du pavillon des cellules et d'un pavillon de dortoir

1889-90. —   — des trois derniers pavillons et des musées.

Quantité d'eau dépensée à Bicêtre par jour.

	Été.	Hiver.
Eau de Seine	575.000 litres	300.000 litres
Eau de puits	217.000 »	217.000 »
Eau de source dite de Rungis	8.000 »	8.000 »
Totaux	800.000 litres	525.000 litres

Musée anatomo-pathologique.

Notre Musée contient à la date du 1er novembre :

Bustes en plâtre......................	296
Plâtres divers	34
Squelettes entiers...................	18
Squelettes de tête	78
Calottes crâniennes..................	268
Cerveaux d'idiots et épileptiques adultes et enfants......................	401

— 25 —

POPULATION TOTALE EXISTANT au 30 novembre 1893.

```
Vieillards et reposants  . . . . . . . .   1903
Aliénés et épileptiques  . . . . . . . .   1280
Personnel  . . . . . . . . . . . . . .      445
                    Total  . . . . . .     3628
```

La *population* de l'HOSPICE est répartie en quatre divisions.

1re DIVISION :

```
1re Section. — Valides  . . . . . . . .    368
2e Section. — Valides et grands infirmes .   206
    —       — Reposants (3e classe) . . . .   34
```

2e DIVISION :

```
Valides.  . . . . . . . . . . . . . .      451
```

3e DIVISION :

```
1re Section. — Valides  . . . . . . . .    363
    —       — Reposants (1re et 2e classe) .   32
2e Section. — Grands infirmes  . . . . .   316
```

4e DIVISION :

```
Infirmerie Générale. — Administrés et re-
                       posants . . . .     72
        —            — Temporaires. . .     59
        —            — Employés malades.     2
                Total. . . . . . .       1903
```

Médecin : M. DÉJERINE. — Chirurgien : M. BRUN.

5e DIVISION (Aliénés) :

La *population* de l'ASILE est répartie en quatre sections.

1ʳᵉ Section (Adultes). — Médecin : M. CHARPENTIER.

Aliénés	209
Epileptiques	17
Total	226

2ᵉ Section (Adultes). — Médecin : M. DENY.

Aliénés	190
Epileptiques.	39
Total.	229

3ᵉ Section (Adultes épileptiques). — Médecin : M. FÉRÉ.

Épileptiques non aliénés .	63
Epileptiques aliénés . . .	120
Total.	183

4ᵉ Section (Enfants). — Médecin : M. BOURNEVILLE.

Épileptiques dits non aliénés	26
Epileptiques aliénés	201
Idiots, paralytiques, aliénés et hystériques. . .	281
Total. . , ...	510

Fig. 1. — Le château de Bicêtre d'après une ancienne estampe. (Dessin de Mme Paul Bru.)

Fig. 2. — Façade nord du bâtiment principal de l'hospice de Bicêtre.
A, B, habitation des vieillards ; C. bâtiment des cancéreux ; D, ancienne porte de Bicêtre ; E. lingerie.

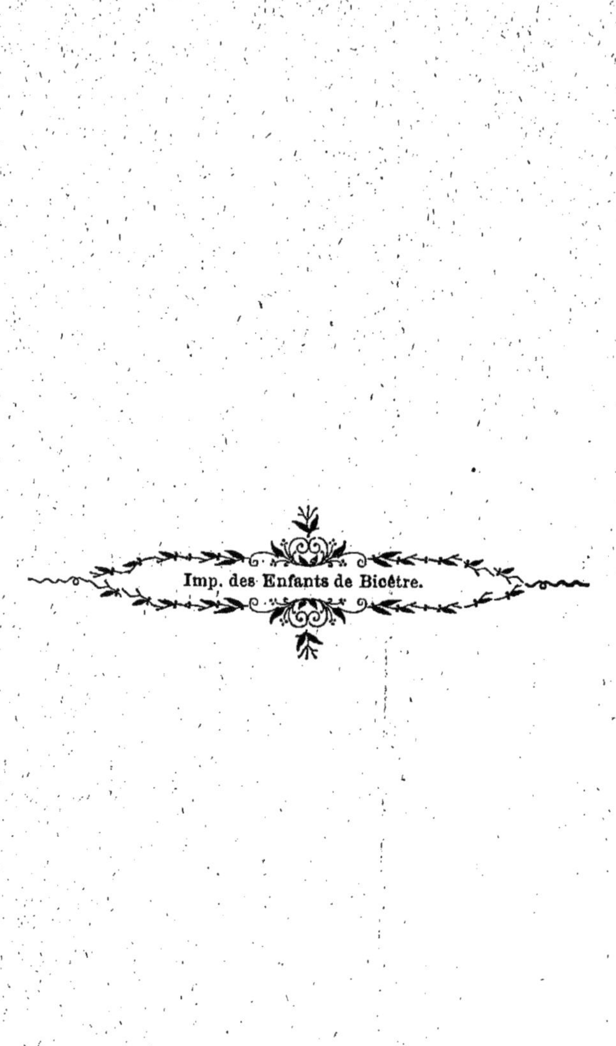

Imp. des Enfants de Bicêtre.